**1**
Und wie sieht dein Europa aus? Zeichne Europa aus dem Kopf – ohne Atlas!

**2**
Schreibe mit fünf Stichworten auf, was dir zu Europa einfällt.
z. B. viele Staaten sind zur Europäischen Union zusammengeschlossen, Währung ist oft der Euro, viele Inseln und Halbinseln, ...

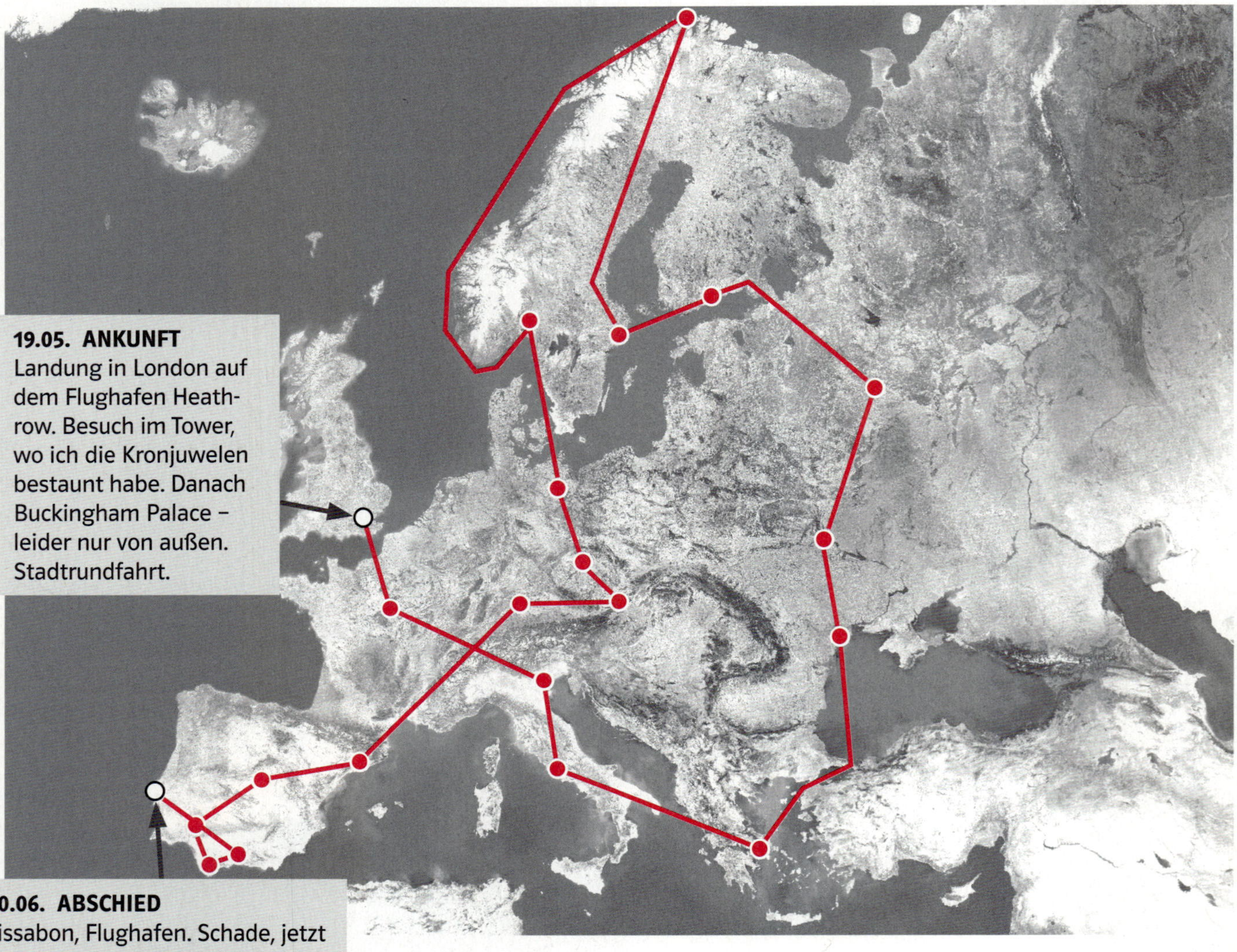

**19.05. ANKUNFT**
Landung in London auf dem Flughafen Heathrow. Besuch im Tower, wo ich die Kronjuwelen bestaunt habe. Danach Buckingham Palace – leider nur von außen. Stadtrundfahrt.

**20.06. ABSCHIED**
Lissabon, Flughafen. Schade, jetzt heißt es schon Abschied nehmen. Dabei habe ich so tolle Menschen kennen gelernt und so schöne Erinnerungen gesammelt.

**1**
Trage Johns Reise mit Hilfe der Atlaskarte S. 70/71 in das Luftbild von Europa ein.

**2**
Miss die Entfernungen in Luftlinie, die John zurückgelegt hat:
a) Nordkap – Gibraltar: etwa 4300 km b) Moskau – Lissabon: etwa 3900 km

**21.05.**
Mit dem Eurostar nach Paris – und natürlich sofort zum Eiffelturm. Bei herrlichem Sonnenschein habe ich aus fast 300 m Höhe einen Wahnsinnsblick.

**23.05.**
Mit dem Bus zu den Palästen von Venedig und den Ruinen von Rom. Beides musst du ja gesehen haben, sonst warst du nicht in Europa. Für uns Amerikaner sind das auch keine Entfernungen. Nur die vielen Sprachen verwirren mich.

**26.05.**
Mit dem Flieger von Rom nach Athen. Mein Lehrer in der Schule hat oft von der Akropolis geschwärmt. Der Tempel der Athene auf diesem Burgberg ist fast 2 500 Jahre alt.

**28.05.**
Weiter mit dem Schiff nach Odessa und mit dem Zug über Kiew nach Moskau. Mann, war das eine lange Fahrt. Aber nun stehe ich auf dem Roten Platz vor dem Kreml.

**01.06.**
Mit dem Nachtzug nach Helsinki. Kurze Stadtbesichtigung und schon weiter mit der Fähre nach Stockholm. Von dort mit dem Bus zum Nordkap und zurück mit dem Schiff nach Oslo. Alles total abenteuerlich – vor allem die Mitternachtssonne am Nordkap und die tief eingeschnittenen Fjorde von Norwegen.

**06.06.**
Von Oslo mit Fähre und Bahn nach Berlin. Einmal muss ich ja durch das Brandenburger Tor gelaufen sein.

**09.06.**
Wien. Bin mit dem Bus über Prag hergekommen. Wien ist auch UNO-Stadt. Ein Freund arbeitet dort. Es ging alles glatt – kaum noch Grenzkontrollen. Und meine Euros kann ich weiter benutzen.

**11.06.**
Mit dem EC nach München. Von hier mache ich einige Touren in die Alpen und natürlich zum Schloss Neuschwanstein. Das soll typisch deutsch sein.

**14.06.**
Von München mit dem Flugzeug nach Barcelona. Es wird wieder heiß. Heiß zu ging's auch im Stadion Camp Nou. Ich hatte 'ne Karte bekommen: Real Madrid gegen Barcelona.

**16.06.**
Mit dem Hochgeschwindigkeitszug AVE über Madrid nach Sevilla. Von dort nach Gibraltar, um mal Afrika zu sehen, und nach Granada mit der berühmten Alhambra. Das ist ein Palast der Mauren, die 1492 von den Spaniern vertrieben wurden – in dem Jahr, in dem Kolumbus den Seeweg nach Amerika entdeckte. Very interesting!

# Champions League – Fußball in Europa

Kennst du Fußballvereine, die schon mal in der Champions League gespielt haben? Nein? Dann helfe ich dir.

FC Bayern München
Deutschland

Ajax Amsterdam
Niederlande

Manchester United
England

FC Basel
Schweiz

Olympique Lyon
Frankreich

FC Barcelona
Spanien

Benfica Lissabon
Portugal

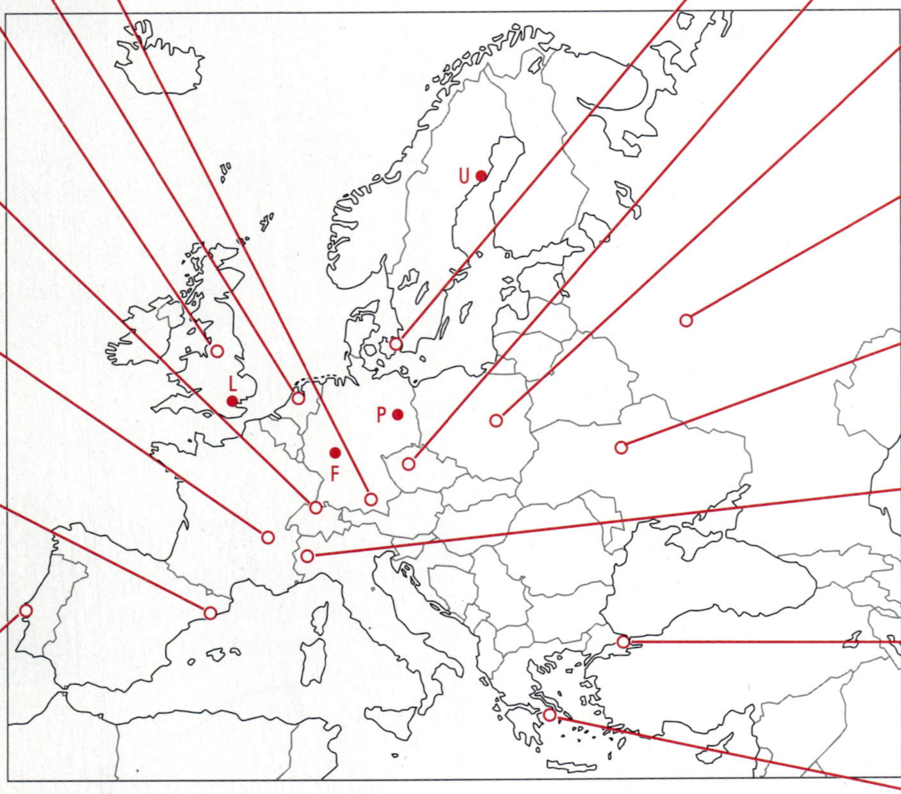


Bröndby Kopenhagen
Dänemark

Sparta Prag
Tschech. Republik

Legia Warschau
Polen

Spartak Moskau
Russland

Dynamo Kiew
Ukraine

Juventus Turin
Italien

Fenerbahçe Istanbul
Türkei

Panathinaikos Athen
Griechenland

**1**
Markiere die Vereinsstädte mit einem Punkt in der Umrisskarte. Zeichne einen Pfeil vom Vereinsnamen dorthin. Die Atlaskarte S. 70/71 hilft dir.

**2**
Schreibe unter den Vereinsnamen das zugehörige Land.

**3**
Unterstreiche die Vereine, die aus einer Hauptstadt kommen.

**4**
Seit 2002 haben vier Frauenclubs den Cup geholt: 1. FFC Frankfurt, 1. FFC Turbine Potsdam, Umeå IK (Schweden) und Arsenal London.
Trage die Vereinsstädte mit Rot und ihren Anfangsbuchstaben in die Umrisskarte ein.

Wenn ihr Jungs denkt, wir können nicht Fußball spielen, dann merkt euch den Women's Cup! Den gibt es schon seit 2002!

# **Haack** Weltatlas

## Lösungen zum Europaführerschein

Klett

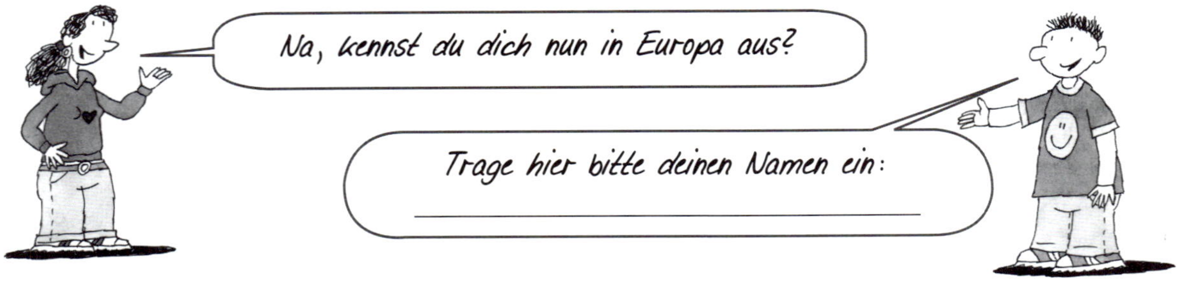


**1**

Ordne diese Abbildungen einem europäischen Land zu.

1 

2 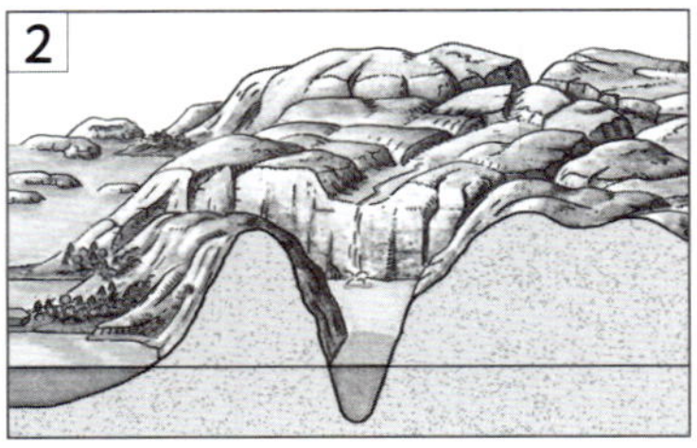

3 

Island ____ Norwegen ____ Italien ____ ___ / 3

**2**

Welche Staaten und Halbinseln sind in der Umrisskarte dunkel eingefärbt? Trage sie in die Legende oder mit Buchstaben in die Karte ein.

**Staaten Westeuropas**

A Irland
B Großbritannien und Nordirland
C Niederlande
D Belgien
E Luxemburg
F Frankreich

___ / 6

**Staaten Osteuropas**

| | |
|---|---|
| G Litauen | K Estland |
| H Russland | L Ukraine |
| I Moldau | M Weißrussland |
| J Lettland | |

___ / 7

**Halbinseln Südeuropas**

1 Iberische Halbinsel
2 Apennin-Halbinsel
3 Balkan-Halbinsel

___ / 3

4 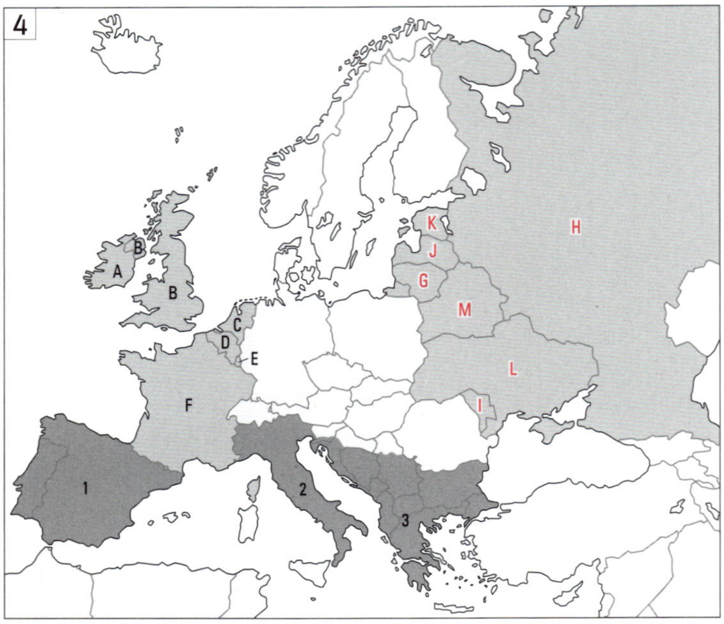


5 

**3**

Trage die folgenden Meere, Flüsse und Gebirge mit Ziffern oder Buchstaben in die Umrisskarte ein.

**Meere**

1 Nordsee
2 Ostsee
3 Mittelmeer
4 Schwarzes Meer
5 Atlantischer Ozean

**Flüsse**

6 Wolga
7 Rhône
8 Rhein
9 Ebro
10 Po
11 Seine
12 Donau

___ / 12

**Gebirge**

a Pyrenäen
b Alpen
c Karpaten
d Ural
e Kaukasus

___ / 5

## 4

Das Klima in Europa

a) Trage die drei Klimazonen in die Umrisskarte ein.

b) Schreibe die richtige Klimazone unter das Klimadiagrammm.

5

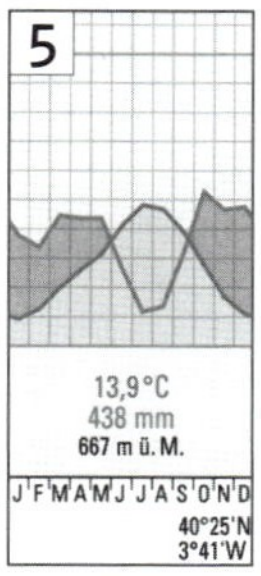


Subtropische Zone

6

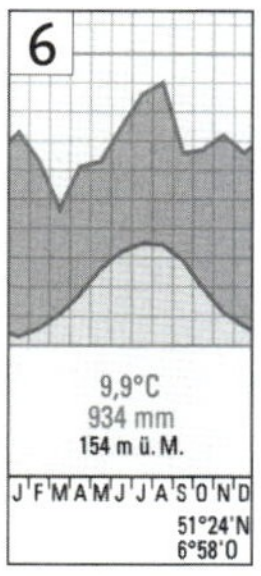


Gemäßigte Zone

7

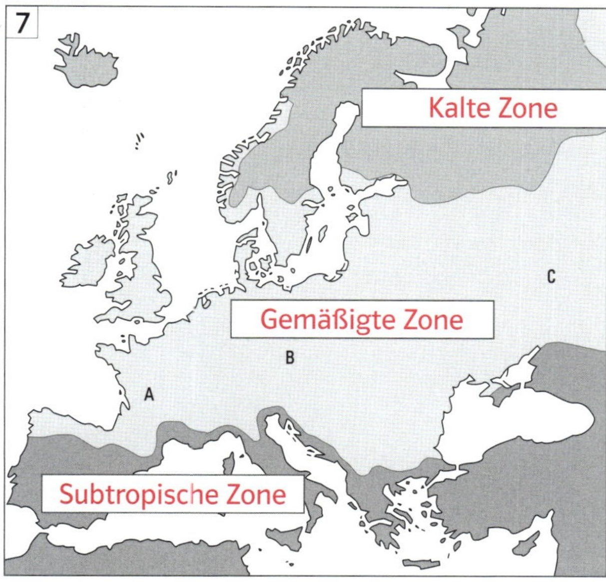


c) Ordne die Buchstaben A, B und C in der Umrisskarte den folgenden Begriffen zu:

B Übergangsklima     C kontinentales Klima     A ozeanisches Klima     ___ / 8

## 5

Die wichtigsten Wirtschaftsräume Europas liegen in sehr dicht besiedelten Gebieten.

8

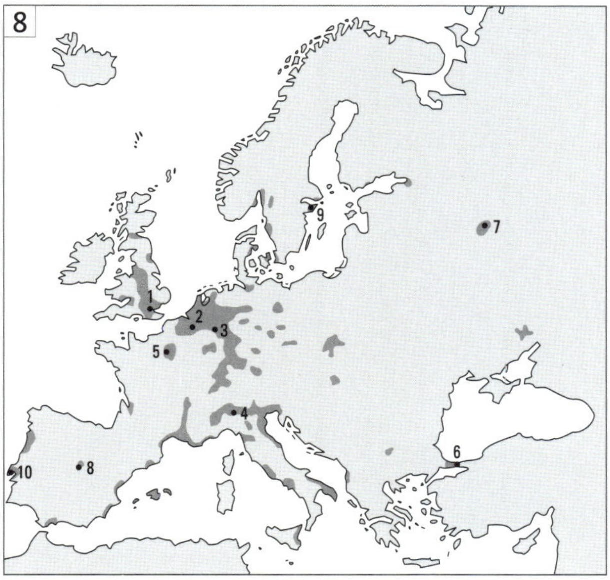


a) Ergänze die Legende mit den Städten in den sehr dicht besiedelten Räumen Europas.

1 London
2 Brüssel
3 Köln
4 Mailand
5 Paris
6 Istanbul
7 Moskau
8 Madrid
9 Stockholm
10 Lissabon

___ / 10

9

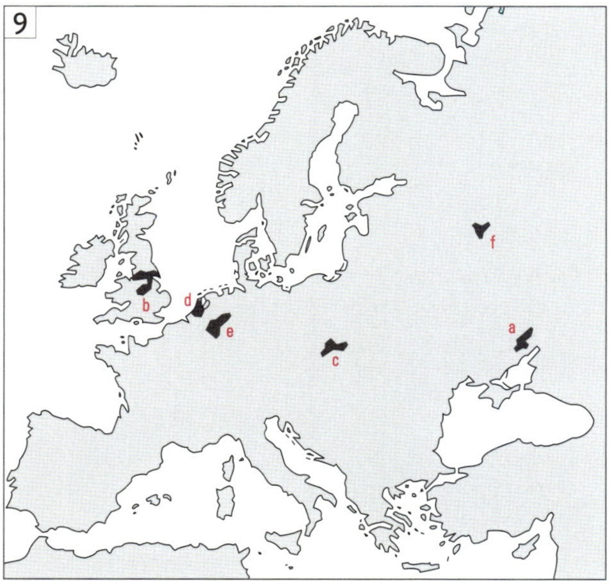


b) Trage die Wirtschaftsräume mit den Buchstaben in die Umrisskarte ein.

a Donbass
b Mittelengland
c Oberschlesien
d Randstad
e Rhein-Ruhr
f Moskau

___ / 6

# Urkunde

____________________________________

Name der Schülerin / des Schülers

hat in der Prüfung zum Europaführerschein folgendes Ergebnis erzielt:

| | | |
|---|---|---|
| ☐ | **55 Punkte und mehr** | Ausgezeichnet, du kennst dich wirklich prima aus. |
| ☐ | **40 – 54 Punkte** | Sehr gut, du weißt viel über Europa. |
| ☐ | **20 – 39 Punkte** | Gut, aber noch mit Lücken. Mit etwas mehr Übung bist du fit. |
| ☐ | **19 Punkte und weniger** | Schade, du musst noch viel üben. Frage deine Lehrerin oder deinen Lehrer, was du am besten machen kannst. |

**Der Klett-Perthes Verlag gratuliert zum Europaführerschein und wünscht weiterhin viel Spaß beim Entdecken von Europa mit dem Haack Weltatlas.**

für den Verlag

Unterschrift der Lehrerin / des Lehrers

**1951**, nur wenige Jahre nach dem Ende des Zweiten Weltkrieges, schlossen sich Deutschland, Frankreich, Italien, die Niederlande, Belgien und Luxemburg zusammen, um ein Europa in Frieden und Freiheit zu bauen. Daraus entstand die Europäische Wirtschaftsgemeinschaft (EWG).
**1993**, nach der Norderweiterung mit Irland, Großbritannien und Dänemark und der Süderweiterung mit Portugal, Spanien und Griechenland wurde die Europäische Union (EU) gebildet Bis heute hat sich die Zahl der Mitgliedstaaten von 12 auf 27 erhöht. Die 12 Sterne auf der Fahne wurden aber nicht mehr verändert.
**2002** war ein weiteres wichtiges Jahr für Europa: Der Euro (€) wurde eingeführt. Inzwischen ist er in Deutschland, Luxemburg, Belgien, den Niederlanden, Irland, Frankreich, Portugal, Spanien, Italien, Malta, Griechenland, Zypern, Slowenien, Österreich und Finnland gültig.

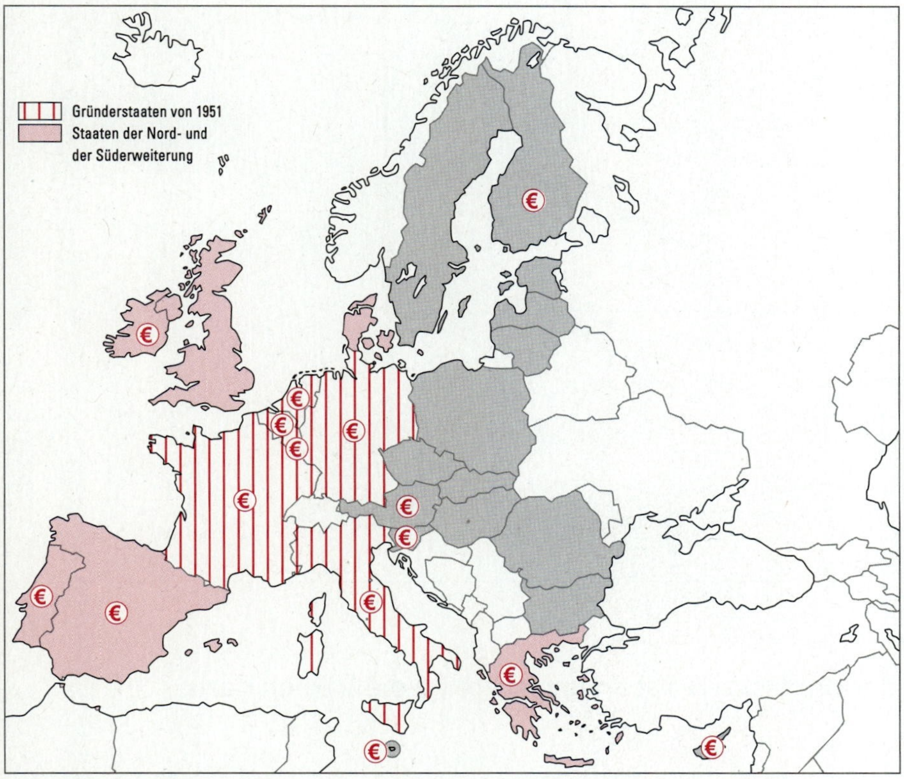


- (B) Belgien
- (BG) Bulgarien
- (DK) Dänemark
- (D) Deutschland
- (EST) Estland
- (FIN) Finnland
- (F) Frankreich
- (GR) Griechenland
- (GB) Großbritannien
- (IRL) Irland
- (I) Italien
- (LV) Lettland
- (LT) Litauen
- (L) Luxemburg
- (M) Malta
- (NL) Niederlande
- (A) Österreich
- (PL) Polen
- (P) Portugal
- (RO) Rumänien
- (S) Schweden
- (SK) Slowakische Republik
- (SLO) Slowenien
- (E) Spanien
- (CZ) Tschechische Republik
- (H) Ungarn
- (CY) Zypern

**1**
Male die Gründerstaaten von 1951 in der Umrisskarte rot an.

**2**
Zeichne die Staaten der Nord- und der Süderweiterung in Grün ein.

**3**
Nun fehlen noch die Länder, die nach 1993 der EU beigetreten sind. Sie sind bereits in Grau eingezeichnet. Schreibe sie mit ihren Autokennzeichen auf. BG, EST, FIN, LV, LT, M, A, PL, RO, S, SK, SLO, CZ, H, CY

**4**
Erkläre, warum die europäische Fahne 12 Sterne hat.
1993 bildeten 12 Staaten die EU

**5**
Zeichne in die Umrisskarte mit einem €-Zeichen ein, in welchen Ländern der Euro offizielle Währung ist.

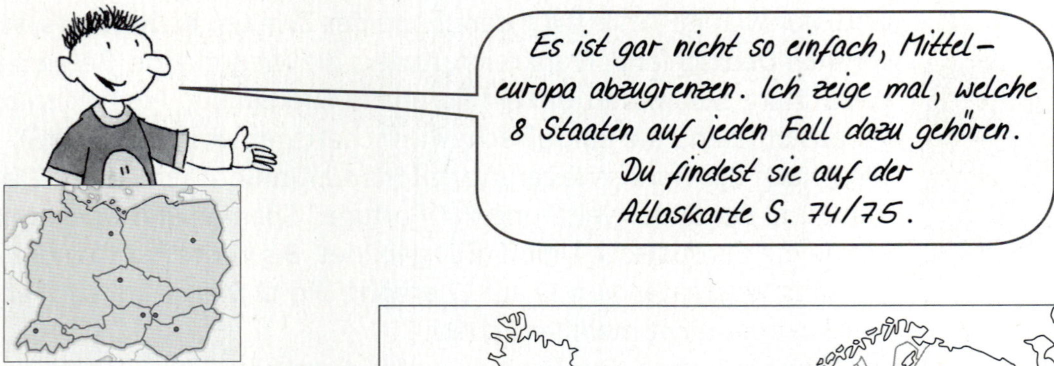


Deutschland

Polen

Tschechische Republik

Slowakische Republik

Österreich

Schweiz

Liechtenstein

Ungarn

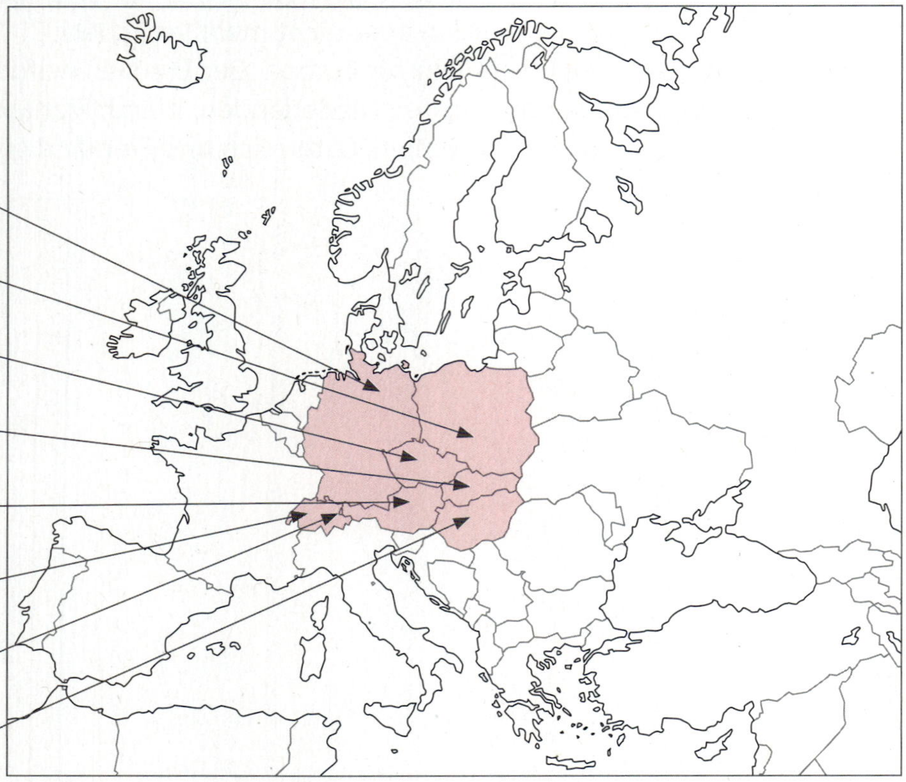

**1**

Male die Staaten Mitteleuropas in der Umrisskarte rot an und schreibe die Namen dazu.

**2**

Deutschland kennst du schon, aber was weißt du von den anderen Ländern? Suche aus der Atlaskarte S. 74/75 die Namen für folgende Meere, Flüsse, Seen, Gebirge und Städte heraus:

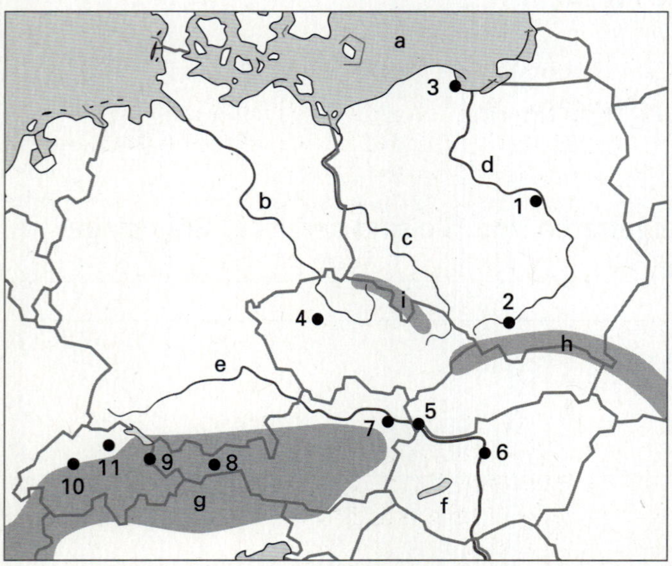


**Meere, Flüsse, Seen und Gebirge**

a Ostsee
b Elbe
c Oder
d Weichsel
e Donau
f Plattensee
g Alpen
h Karpaten
i Sudeten

**Städte**

1 Warschau
2 Krakau
3 Danzig
4 Prag
5 Pressburg
6 Budapest
7 Wien
8 Innsbruck
9 Vaduz
10 Bern
11 Zürich

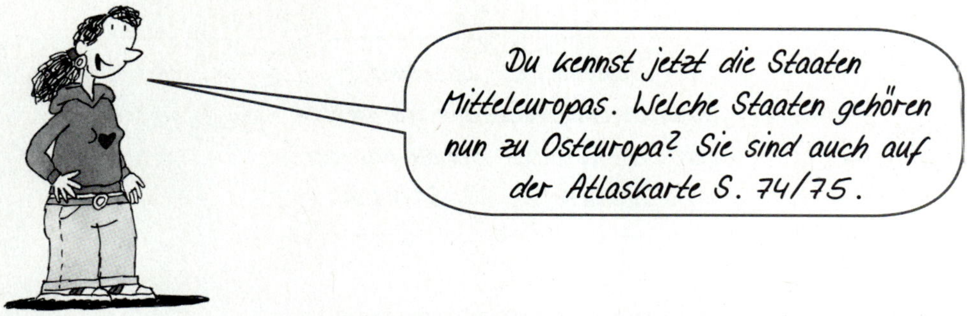


**1**

Trage die Staaten Osteuropas und ihre Hauptstädte in die Liste ein.

| Staat | Hauptstadt |
|---|---|
| Litauen | Wilna |
| Lettland | Riga |
| Estland | Tallinn |
| Russland | Moskau |
| Ukraine | Kiew |
| Moldau | Chisinau |
| Weißrussland | Minsk |

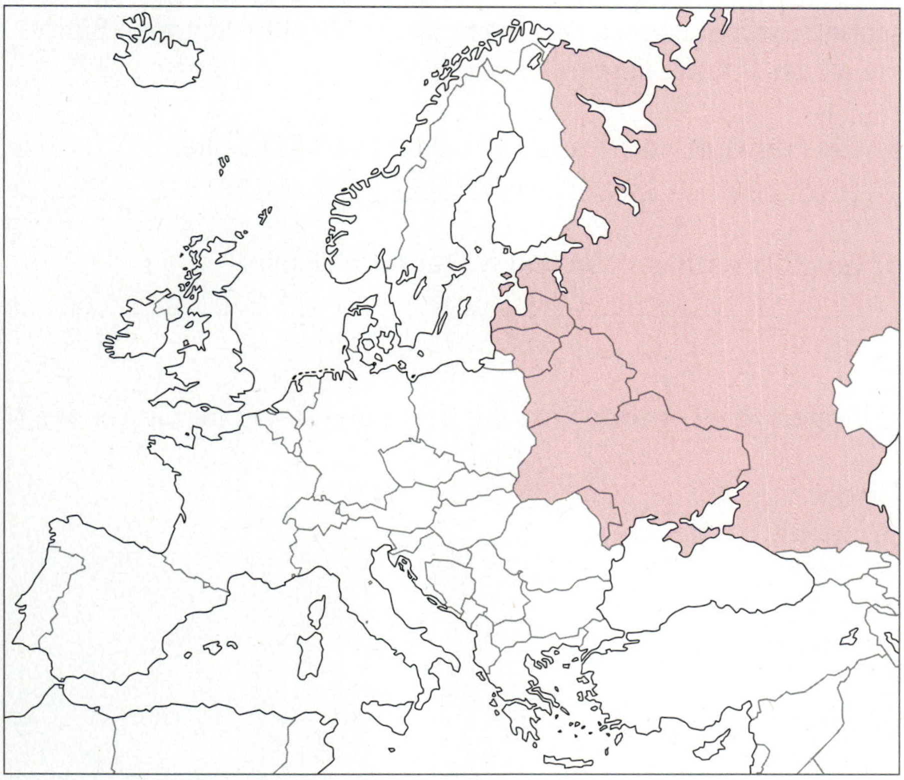

**2**

Male die Staaten Osteuropas in der Umrisskarte farbig an.

**3**

Für dieses Kreuzworträtsel brauchst du die Atlaskarte S. 70/71. Schreibe Umlaute mit zwei Buchstaben. Wenn du es gelöst hast, weißt du noch mehr über Osteuropa.

1 Dieses Mittelgebirge trennt Europa im Osten von Asien.
2 Eine der neun Millionenstädte Russlands an der Wolga.
3 Die Quelle des längsten Flusses Europas findest du im Gradnetzfeld I3.
4 Am Finnischen Meerbusen liegt die zweitgrößte Stadt Russlands.
5 Als Folge des Zweiten Weltkrieges grenzt ein kleiner Teil Russlands direkt an Mitteleuropa. Gesucht wird der deutsche Name der größten Stadt in diesem Gebiet.
6 Im Süden von Osteuropa liegt an der Grenze zu Asien ein über 5000 m hohes Gebirge.
7 Im Gradnetzfeld I3 entspringt der Dnjepr. Bis zur Mündung wechselt er seinen Namen. Im gesuchten Land heißt er Dnipro.
8 Der Dnipro mündet in dieses Meer.

| | | | | | | | | | | | | | | | | | |
|---|---|---|---|---|---|---|---|---|---|---|---|---|---|---|---|---|---|
| | | | 1 | U | R | A | L | G | E | B | I | R | G | E | | | |
| | | 2 | W | O | L | G | O | G | R | A | D | | | | | | |
| | | | | | | | 3 | W | O | L | G | A | | | | | |
| | | | | | 4 | S | T | P | E | T | E | R | S | B | U | R | G |
| | | | | | 5 | K | O | E | N | I | G | S | B | E | R | G | |
| | | | | | | 6 | K | A | U | K | A | S | U | S | | | |
| | | | | | | | | | 7 | U | K | R | A | I | N | E | |
| 8 | S | C | H | W | A | R | Z | E | S | M | E | E | R | | | | |

Das Lösungswort in den grauen Kästchen ist der Name für die drei Staaten Litauen, Lettland und Estland zusammen.

Baltikum

# Westeuropa im Überblick

**1**

Mit dem Zug kommt man auf Hochgeschwindigkeitsstrecken schnell und bequem zu den Nachbarn im Westen. Schreibe Städte auf, die an der Strecke liegen

a) von Frankfurt nach Paris und weiter nach Marseille.
Frankfurt, Saarbrücken, Metz, Paris, Lyon, Marseille

b) von Köln nach London und weiter nach Dublin.
Köln, Aachen, Brüssel, Lille, London, Birmingham, Dublin

**2**

a) Trage in die Legende links die richtigen Namen für die Länder, Meere, Flüsse und Gebirge ein.

**Länder**

A Irland
B Großbritannien und Nordirland
C Frankreich
D Niederlande
E Belgien
F Luxemburg

**Meere, Flüsse und Gebirge**

a Nordsee
b Golf von Biskaya
c Kanal
d Themse
e Seine
f Rhein
g Rhône
h Loire
i Alpen
j Zentralmassiv
k Pyrenäen

b) Schreibe in die Umrisskarte die Zahl für eine Stadt an den richtigen Punkt.

**Städte**

1 Dublin
2 London
3 Birmingham
4 Manchester
5 Paris
6 Lyon
7 Amsterdam
8 Rotterdam
9 Brüssel
10 Luxemburg

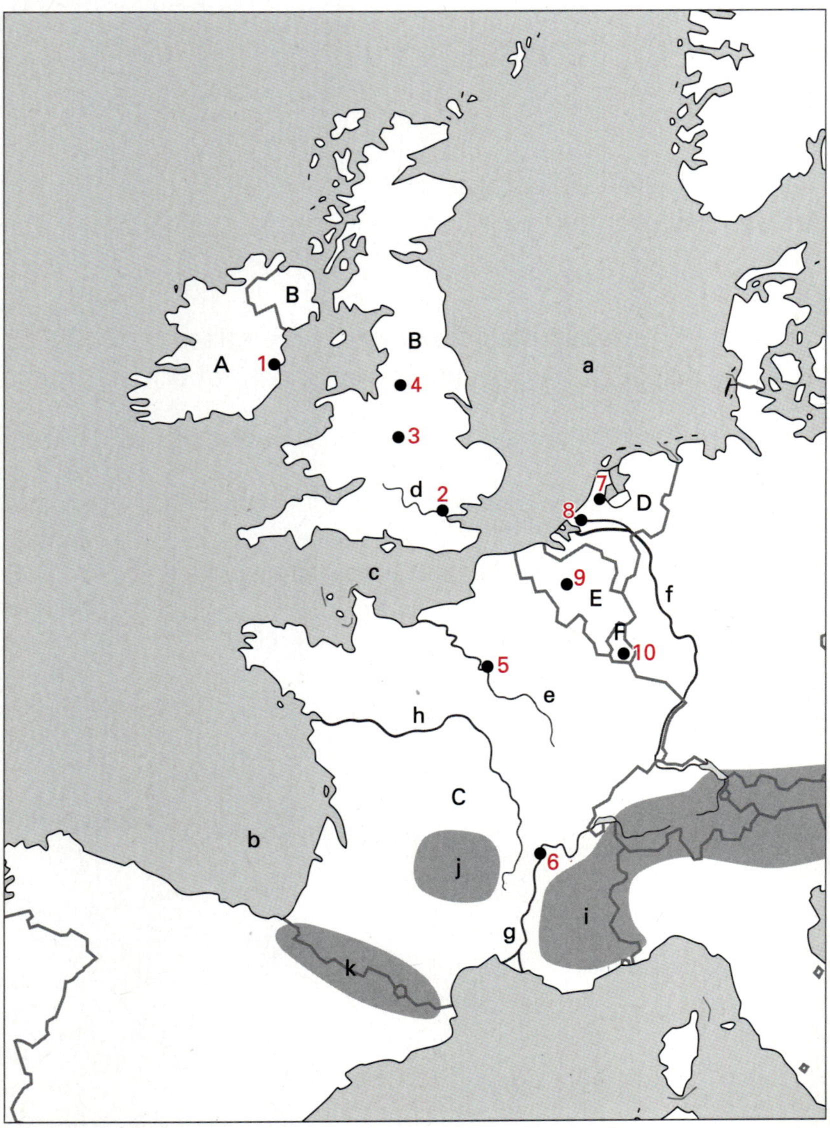

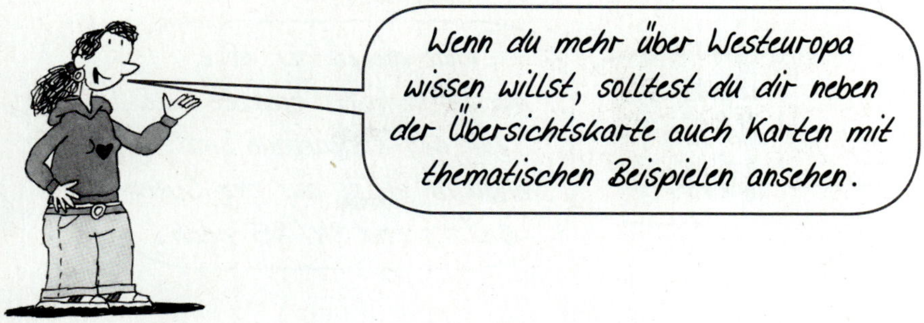


**1**

BENELUX sagt man oft zu den drei kleinen Nachbarländern im Westen, weil sie in vielen politischen Dingen eng zusammenarbeiten, um sich gegen die großen Nachbarn besser behaupten zu können.

a) Welche drei Länder sind gemeint (Atlaskarte S. 80/81)?
BE Belgien NE Niederlande LUX Luxemburg

b) In den Niederlanden ist die dunkelgrüne Farbe zu sehen. Was bedeutet sie? unter 0 m

c) Das Norddeutsche Tiefland setzt sich bis nach Belgien fort. Welcher Fluss bildet dort die Grenze zum Mittelgebirge? Maas

d) Karte 4 auf der Atlasseite 125 zeigt, welche Sprachen in BENELUX zumeist gesprochen werden.
Niederländisch, Französisch und Letzeburgisch

**2**

Paris und London sind die größten Städte nicht nur in Westeuropa, sondern – mit Moskau – in ganz Europa.

a) Woran erkennt man das schon auf der Atlaskarte S. 80/81? Erläutere die Symbole für die Orte (in der Generallegende). ein Quadrat mit schwarzem Punkt bedeutet über 5 Mio. Einwohner

b) Paris und London haben nicht nur viele Einwohner, sondern auch eine große Siedlungsfläche. Miss die größten Ausdehnungen.
Paris: 80 km London: 70 km

c) Der Atlas enthält auf der Seite 123 Beispielkarten der Innenstädte von Paris und London. In welche Richtung fließen Seine und Themse.
Fließrichtung der Seine: von Osten nach Westen
Fließrichtung der Themse: von Westen nach Osten

**3**

Westeuropa liegt am Atlantischen Ozean. Zu ihm gehört eine große Meeresbucht: die Nordsee. Hier liegen unter dem Meeresboden viele Bodenschätze.

a) Prüfe auf der Atlaskarte S. 110/111, um welche Bodenschätze es sich handelt.
Erdöl und Erdgas

b) Was bedeuten die grünen und die roten Linien? Erdölpipeline und Erdgaspipeline

c) Stelle auf der Atlaskarte S. 80/81 fest, wie tief das Wasser der Nordsee unter den Förderplattformen ist. 0 – 200 m

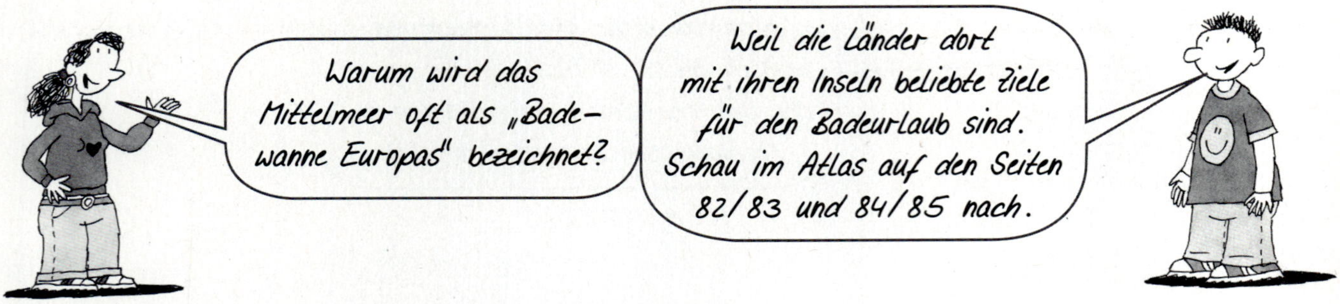


**1**

Viele Urlaubsziele liegen auf den Inseln im Mittelmeer. Schreibe unter die Inseln den Namen und den Staat, zu dem sie gehören.

**2**

Zeichne die Inseln in die Karte ein.

Sizilien
Italien

Kreta
Griechenland

Sardinien
Italien

Zypern

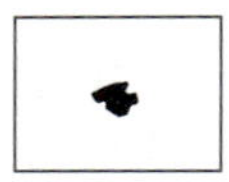
Mallorca
Spanien

Korsika
Frankreich

**3**

Welche Inseln erreicht man von folgenden Fährhäfen:

| Fährhafen | Insel |
|---|---|
| Barcelona | Mallorca |
| Marseille | Korsika |
| Neapel | Sizilien |
| Athen | Kreta, Rhodos |

**4**

Zwischen Griechenland und der Türkei gibt es ein Meer mit sehr vielen kleinen Inseln.
Es ist das Ägäische Meer.

**5**

Südlich des Mittelmeers liegt der Kontinent Afrika. Von dort kommen viele Flüchtlinge und Zuwanderer. Sie suchen Stellen, wo die Überfahrt nach Europa nicht so weit ist. Nenne zwei Möglichkeiten, die weniger als 100 km betragen. Marokko – Spanien, Tunesien – Italien

In das Mittelmeer ragen drei große Halbinseln hinein. Die Iberische Halbinsel und die Apennin-Halbinsel findest du auf der Atlaskarte S. 82/83.

**1**

Beschrifte die stumme Karte der **Iberischen Halbinsel** rechts:

a) Trage die beiden Staaten auf der Iberischen Halbinsel in die grauen Kästchen ein.

b) Schreibe die Namen für die zwei höchsten Gebirge (Pyrenäen, Sierra Nevada) und die zwei längsten Flüsse (Ebro, Tajo) hinein.

c) Markiere mit einem roten Punkt und den Anfangsbuchstaben die folgenden Städte: Madrid (M), Barcelona (B), Malaga (MA) und Lissabon (L).

d) Die Iberische Halbinsel ist nach dem alten Volk der Iberer benannt. Prüfe im Register, wo der Name noch auftaucht. Iberisches Becken, Iberisches Randgebirge

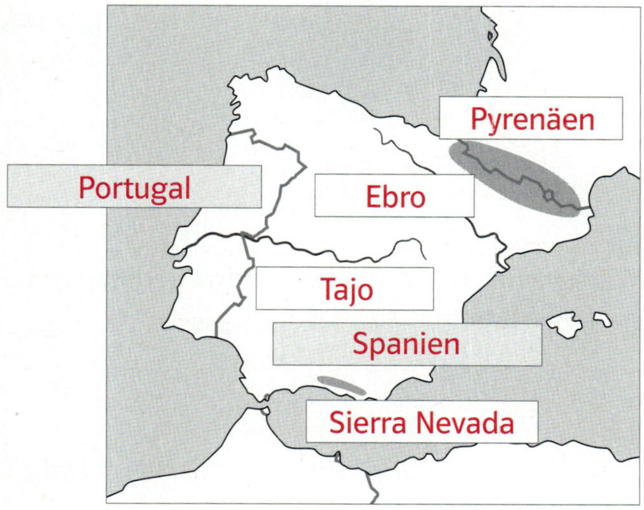


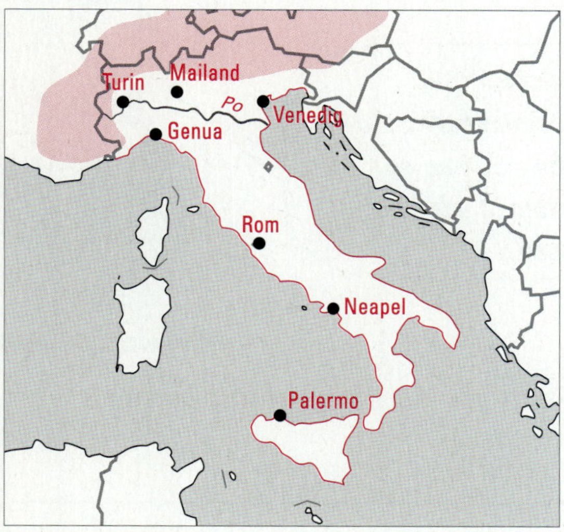


**2**

Die **Apennin-Halbinsel** mit Sizilien kannst du selber zeichnen:

a) Ergänze zuerst die Städtenamen und den Flussnamen.

b) Zeichne nun den Umriss der Halbinsel.

c) Trage dann die Alpen ein, die die Halbinsel im Norden begrenzen.

d) Und wie heißt das Meer im Osten der Halbinsel? Adriatisches Meer

**3**

Die **Balkan-Halbinsel** findest du auf der Atlaskarte S. 84/85:

a) Schreibe die Namen von fünf Staaten und Städten auf:

A Griechenland 1 Athen
B Albanien 2 Tirana
C Mazedonien 3 Skopje
D Bulgarien 4 Sofia
E Türkei 5 Istanbul

b) In Griechenland findest du viele Ruinenstätten aus der Antike. Zeichne die Signatur: ∴

c) Schreibe drei Ruinenstätten heraus: z. B. Mykene, Sparta, Epidauros, Olympia, Delphi

d) Von welcher Ruinenstätte kommt wohl der Fackelläufer, der alle vier Jahre im Fernsehen gezeigt wird? Olympia

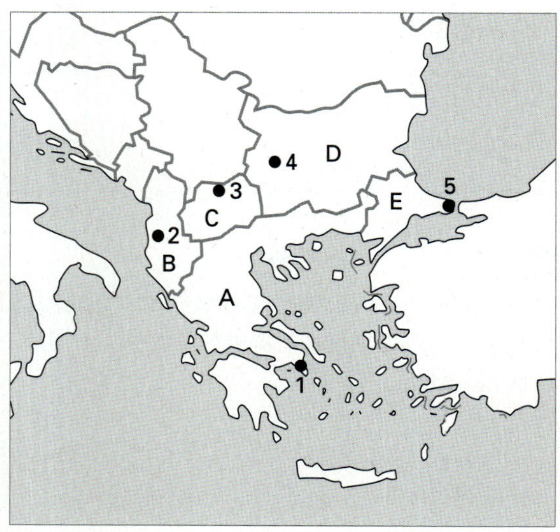

**1**
Wie kommt man auf dem Landweg (ohne eine Fähre zu benutzen) von Berlin nach Oslo? Schreibe die großen Stationen auf. Hamburg, Odense, Kopenhagen, Hälsingborg, Göteborg, Oslo

**2**
Kann man überhaupt von Oslo mit dem Auto zum Nordkap kommen? [X] Ja [ ] nein

**3**
Bestimme die Entfernung in der Luftlinie Berlin – Nordkap: 2100 km

**4**
Norwegen und Schweden werden nach einem Gebirge auch als „Skandinavien" bezeichnet. Wie heißt das Gebirge auf der Atlaskarte S. 70/71?
Skandinavisches Gebirge

**5**
Beschreibe in Stichworten, wie sich die Landschaft auf einer Fahrt von der Nordsee zur Ostsee (mit dem Bottnischen Meerbusen) verändert:

| | Berge | Vegetation | Besiedlung | Küstenformen |
|---|---|---|---|---|
| Norwegen | Hochgebirge | Gras, Moose, Flechten | wenig besiedelt | Fjordküste |
| Schweden | niedrigere Berge, Tiefland | Wald | Küsten besiedelt | Fjord-Schären-Küste |

**6**
Fünf Staaten werden zu Nordeuropa gezählt. Trage sie mit ihren Hauptstädten in die Tabelle ein.

| Staaten Nordeuropas | Hauptstadt |
|---|---|
| Norwegen | Oslo |
| Schweden | Stockholm |
| Finnland | Helsinki |
| Dänemark | Kopenhagen |
| Island | Reykjavík |

**1**

Die Klimazonen unterscheiden sich vor allem nach den Temperaturen. Von den Temperaturen hängt das Wachstum der Pflanzen ab. Suche auf der Atlaskarte S. 97 die Nordgrenze für den Anbau von Weizen, Wein und Oliven.

Welche beiden Anbaugrenzen stimmen weitgehend mit Klimagrenzen überein?
Die Anbaugrenze für Weizen entspricht der Nordgrenze der gemäßigten Zone.
Die Anbaugrenze für Oliven entspricht der Nordgrenze der subtropischen Zone.

**2**

Ordne die drei Klimadiagramme den Klimazonen zu. Schreibe die richtige Klimazone darunter.

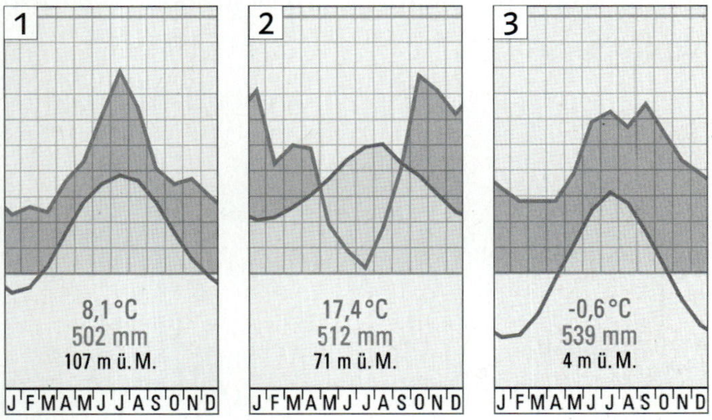


1: gemäßigte Zone
2: subtropische Zone
3: kalte Zone

**3**

In den Kästen unten wird das Klima von London und Moskau beschrieben. Beide Orte liegen in der gemäßigten Zone. Aber einmal handelt es sich um das **ozeanische** Klima, das andere Mal um das **kontinentale** Klima. Ordne zu.

A
Hier ist es im Winter richtig kalt, aber im Sommer wird es heiß. Dann regnet es auch selten. Lange Zeit kann es windstill sein.

kontinentales Klima

B
Hier ist das Klima das ganze Jahr über mild – nicht zu heiß und nicht zu kalt. Es weht immer ein frischer Wind. Regnen kann es fast täglich.

ozeanisches Klima

**4**

Zeichne in die Umrisskarte oben die Grenzen zwischen ozeanischem Klima, Übergangsklima und kontinentalem Klima nach der Atlaskarte ein.

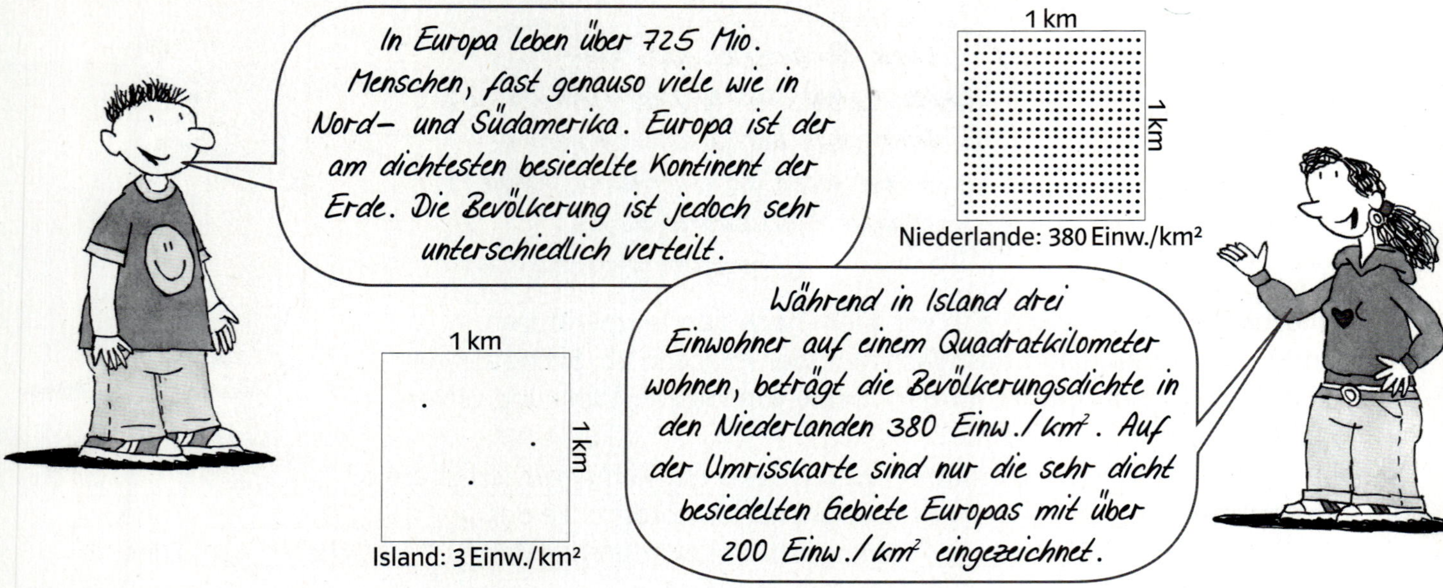


**1**

Finde mit Hilfe der Atlaskarte oben auf der S. 69 heraus, wo die großen Städte in den sehr dicht besiedelten Gebieten von Europa liegen. Verbinde die Städtenamen mit dem richtigen Punkt auf der Umrisskarte.

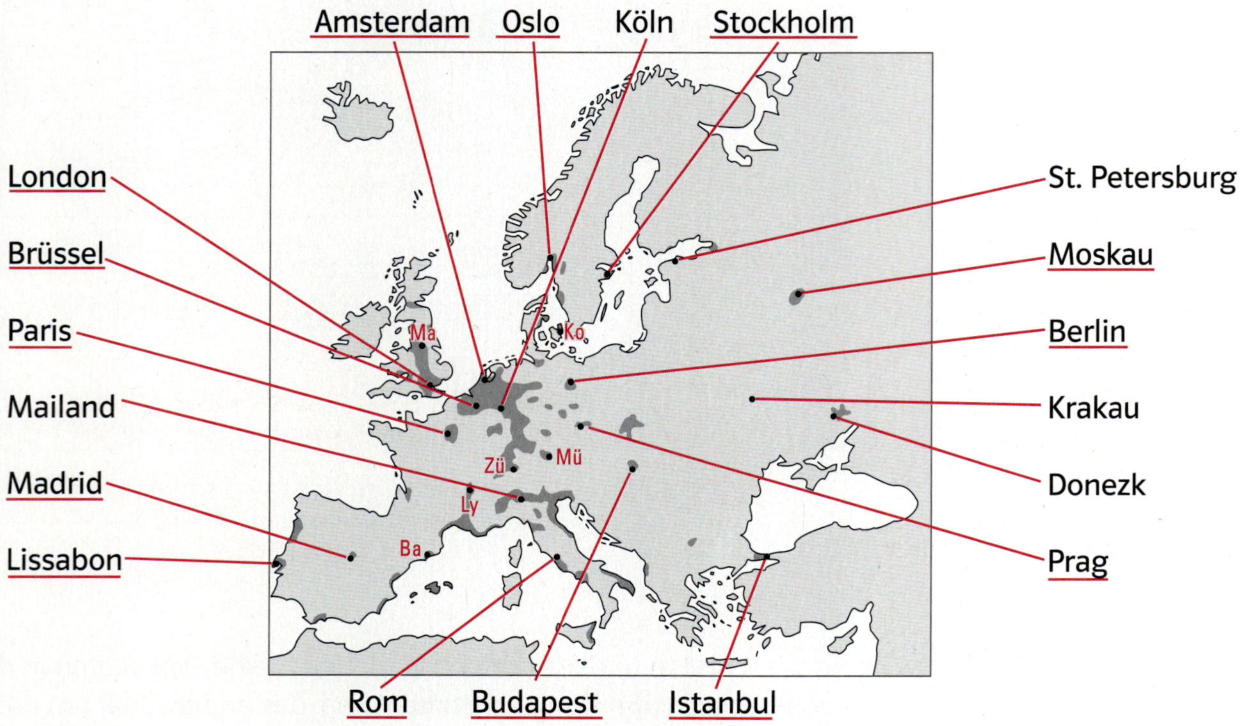


**2**

Schreibe für die folgenden Städte die beiden Anfangsbuchstaben an den richtigen Punkt auf der Umrisskarte: Manchester, Kopenhagen, Lyon, München, Zürich, Barcelona.

**3**

Unterstreiche die Hauptstädte. Was stellst du fest? Bei vielen Städten in sehr dicht besiedelten Gebieten handelt es sich um Hauptstädte.

**4**

Sage nun mit einem Satz, wo sich die Bevölkerung Europas am stärksten konzentriert: In einem Kernraum von Manchester bis Mailand, nur unterbrochen durch den Kanal und die Alpen.

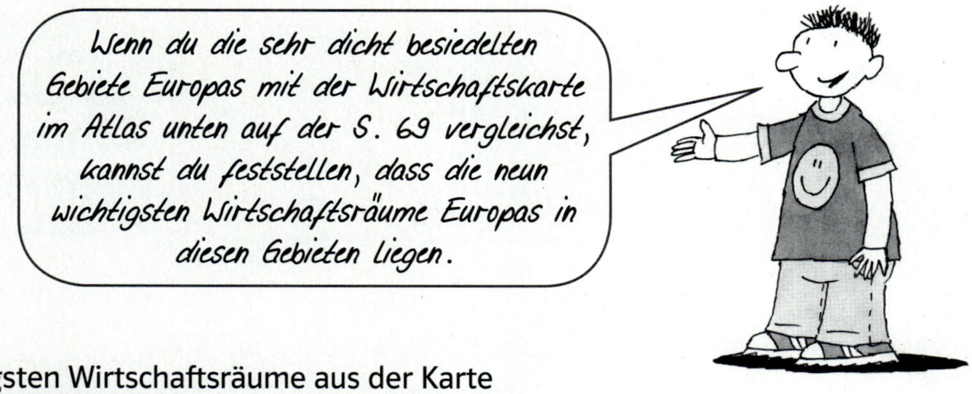


**1**

Übertrage zuerst die wichtigsten Wirtschaftsräume aus der Karte in die Tabelle und ergänze die beiden Spalten für Städte und Länder.

| wichtiger Wirtschaftsraum | Stadt | Land |
|---|---|---|
| Mittelengland | Manchester / Birmingham | Großbritannien |
| London | London | Großbritannien |
| Randstad | Rotterdam / Amsterdam | Niederlande |
| Paris | Paris | Frankreich |
| Rhein-Ruhr | Köln / Dortmund | Deutschland |
| Oberschlesien | Kattowitz / Ostrau | Polen |
| Moskau | Moskau | Russland |
| Uralgebiet | Jekaterinburg / Tscheljabinsk | Russland |
| Donbass | Donezk | Ukraine |

**2**

Einige der bedeutenden Wirtschaftsräume Europas sind auf den Atlaskarten S. 112 und 113 genauer dargestellt. Was sind die wichtigsten Industriezweige von

a) London: Maschinenbau, Kraftfahrzeugbau, Elektrotechnik, Elektronik, Software
b) Paris: Maschinenbau, Kraftfahrzeugbau, Elektrotechnik, Elektronik, Software, Chemie, Kunststoffe
c) Rotterdam: Chemie, Kunststoffe, Erdölraffinerie
d) Mailand: Maschinenbau, Elektrotechnik, Elektronik, Software, Chemie, Kunststoffe
e) Krakau und Kattowitz: Maschinenbau, Eisenverhüttung, Stahlerzeugung

**3**

Trage die Bedeutungen in die Tabelle ein.

| Symbol | Bedeutung auf den Atlaskarten S. 112 und 113 | Bedeutung auf der Atlaskarte S. 110/111 |
|---|---|---|
|  | Maschinenbau | Metallverarbeitung, Maschinenbau, Fahrzeugbau |
|  | Chemie, Kunststoffe | Chemie, Holz, Papier, Druck |

# Die Naturräume Europas

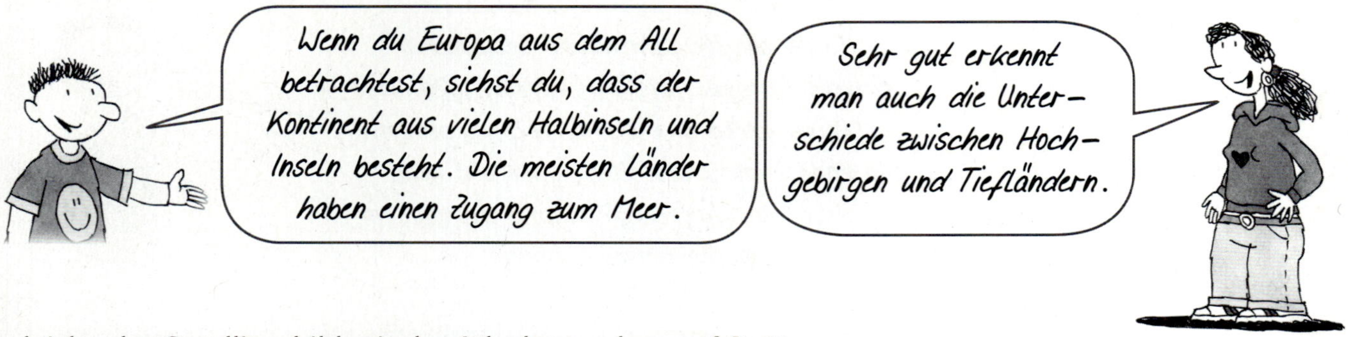


**1**

Vergleiche das Satellitenbild mit der Atlaskarte oben auf S. 68.

a) Trage die Namen der vier Meere ein, die über Meerengen mit dem Atlantischen Ozean verbunden sind und male sie blau an.
b) Trage die Hochgebirge Alpen, Karpaten, Pyrenäen, Sierra Nevada und Apenninen mit einem dicken Strich braun ein.
c) Male die Tiefländer grün an.
d) Trage die Ostgrenze Europas mit einer schwarzen Linie ein.

**2**

Von Asien aus gesehen ist Europa gar kein eigener Kontinent, sondern nur eine Halbinsel mit einer besonderen Geschichte. Vergleiche Europa mit den anderen Kontinenten.

Europa grenzt direkt an Asien und wird durch das Uralgebirge abgegrenzt. Europa ist sehr zerklüftet und hat viele Inseln, Halbinseln und Meere.

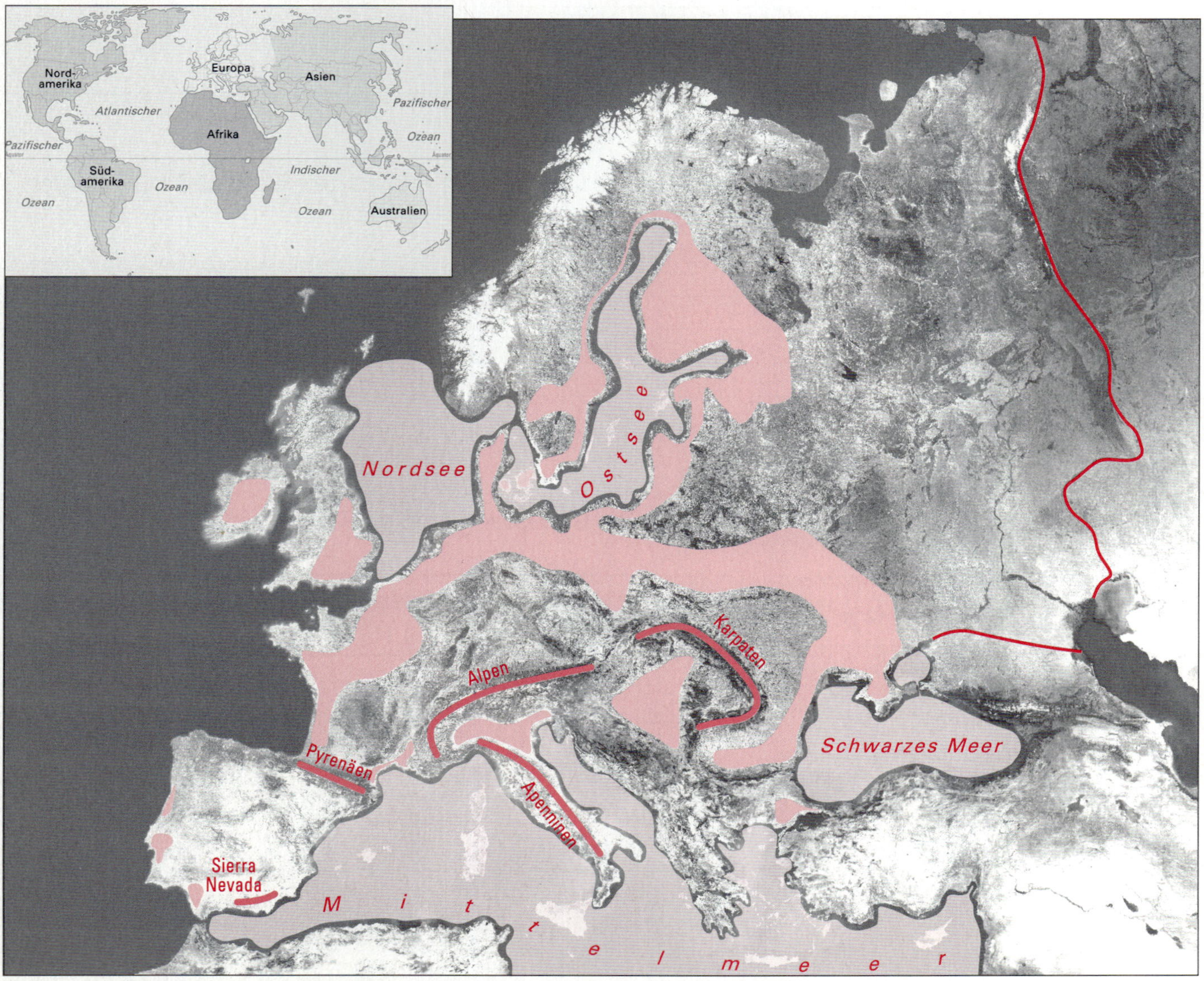